NOTICE

SUR LA CAMPAGNE

D'ALGER

PAR UN OFFICIER DÉMISSIONNAIRE

DE CETTE ARMÉE.

Le général Bourmont est-il coupable
de dilapidation ! non, mille fois non.
La France sait maintenant à quoi s'en
tenir, la commission d'Alger a résolu
cette question, que des hommes sans
conscience peuvent seuls avoir posée.

LYON,

TH. PITRAT, IMPRIMEUR LIBRAIRE, PLACE CONFORT, N° 12.

1832.

LYON. — IMPRIMERIE DE TH. PITRAT.

AVIS DE L'ÉDITEUR.

L'intention de l'Auteur de cette notice, n'était pas de la livrer à l'impression ; la position aussi difficile que pénible dans laquelle se trouve la plupart des ouvriers Lyonnais, a pu seule le décider ; heureux de penser, que leur en destinant le produit de la vente, ce sera du moins encore un bienfait légitime qui leur parviendra, puisque sans CHARLES X, il n'y aurait pas d'historique à faire de la campagne d'Alger.

AVANT-PROPOS.

Je n'oserais présenter mon faible tribut sur l'expédition d'Alger, si je n'étais du nombre de ceux qui appelèrent l'attention de l'Europe étonnée, lorsqu'elle vit asservir ce repaire de pirates que jusqu'alors non-seulement elle n'avait pu dompter, mais qui insolemment lui imposait un honteux vasselage: j'étais de cette armée qui l'en délivra, nous avons foulé en vainqueurs cette terre où à diverses époques tant de valeureux soldats furent vaincus, il ne me reste que le souvenir de la gloire, j'apporte le denier de la veuve.

Après la prise d'Alger, notre général put dire comme César, Veni, Vidi, Vici: nouveau Bélisaire , après la conquête il est errant sur le sol étranger , et la loyauté militaire s'indigne des odieuses calomnies déversées sur celui qui pour gage de sa victoire, emporta d'Alger le cœur embaumé de l'un de ses fils, de ce fils dont le cercueil profané atteste à jamais jusqu'où peut aller l'aveuglement des partis ! Honte ! honte éternelle ! vous espériez de l'argent ! Vous n'avez trouvé qu'un cadavre couvert de gloire et d'honneur ; puissans du jour, il ne pouvait vous enrichir, ce n'est pas là votre lot.... Et toi jeune et noble Amédée , repose en paix ! ta mort prématurée semble un bienfait ; elle t'empêche de connaître l'ingratitude de tes concitoyens.

Lorsque nous mîmes à la voile , nous voguions vers la Plage où fut Carthage ; je m'attendais à la voir apparaître telle que l'imagination se la représente à travers le prisme de l'histoire romaine ; mais arrivé , il fallut éloigner cette idée et se reporter aux tems obscurs de la plus déplorable barbarie ; ces vastes solitudes, ces déserts incultes , ces Arabes demi-nus , ces sauvages Cabyldes , ces Turcs despotes insolens ,

sent là , comme pour attester davantage les bien-
faits du christianisme sur l'esprit humain. En
effet , le sectateur du Coran tranche froidement
la tête de son ennemi désarmé comme il fait
sauter celle d'un esclave pour essayer son cime-
terre , tandis que le soldat chrétien s'empresse
d'offrir des secours à celui que le sort fait tomber dans ses mains ; Rome a détruit Carthage ,
et la France embellit Alger ; enfin, pour dernier
parallèle , l'Islamisme avec sa force brutale ,
passe comme un torrent dévastateur , déposant
pour limon , l'ignorance et le fanatisme , la fatalité et les ruines , et la religion chrétienne fait
un appel à toutes les vertus en même tems qu'elle
prêche une sage liberté.

Cependant, abandonnerons-nous l'Afrique dont
nous avons la clef ? N'est-ce pas de cette partie
du monde que nous avons reçu les lumières ? Ne
peut-on y importer de nouveau la civilisation ;
et en pressant l'Islamisme refouler la barbarie et
la réduire aux abois ? Puis demandant aux con-
trées fertiles leurs produits en échange des nôtres,
voir, par l'appât de l'or , renaître ces empires
et ces vastes cités , qui autrefois furent le berceau

du commerce et des richesses , de la civilisation et du génie? Mais il ne faut point aller à pas de géant ; le mahométisme repousse les innovations, en voulant avancer trop vite, on reculerait.

EXPÉDITION D'ALGER.

Accoutumés à voir nos devanciers aller sur la terre Africaine pour y cueillir des lauriers, nous brûlions de mettre à la voile. Avides de gloire, désireux des combats, nous nous pressions sur la plage de Toulon. Enfin le 17 mai nous étions entièrement embarqués et en grande rade du Port.

Du 18 au 19 les vents furent favorables, mais il paraît que tous les préparatifs de départ n'étaient point encore terminés. Dans la soirée du 19 le vent mollit, puis tomba; et le lendemain nous eûmes le sud-est qui était contraire. Du 20 au 25 nous restâmes impatiemment sur nos ancres, invoquant Eole et Neptune. Le 25 au matin, un fort grain nous amena le nord-ouest. A midi on signala d'appareiller successivement, et l'allégresse se manifesta par des cris de vive le roi. A 5 heures le vaisseau que nous montions dérapa. Nous écoutions en silence les cris de, *largue l'artimon*, *la barre à tribord*, *tiens bon le cabestan*, *qu'on ne vire pas trop vîte;* et vingt autres commandemens, lorsque celui de *larguez*, et un mouvement d'avant du vaisseau nous fit fendre majestueusement la vague. C'en était fait nous volions à la rive Africaine.

Le 26 nous étions en pleine mer, une tourterelle vint se poser sur notre artimon. Il est impossible d'exprimer les divers sentimens que cette vue fait éprouver, lorsqu'on se trouve pour ainsi-dire perdu dans l'immensité du vaste élément.

Le 27 nous aperçûmes Minorque et Majorque. Le 28 nous eûmes un temps calme. Le 29 vers le soir nous étions en vue de Cabréra. Le 30 nous approchions d'Alger, d'Alger l'objet de nos désirs. Déjà nous croyions toucher au but, lorsque le signal de faire route contraire, parut! Comment dire l'émotion pénible qui vint nous accabler. Toutes nos suppositions se perdaient dans le vague; une seule paraissait plausible, elle fesait notre désespoir : le matin un bâtiment de guerre portant pavillon amiral turc (1) avait com-

(1) Nous sûmes depuis qu'il était monté par Tahir Pacha.

muniqué avec notre amiral, nous présumions qu'il était venu parler d'accommodement, et que nous en serions pour le mal de mer.

Du 31 mai au 10 juin, nous bourlinguâmes dans les eaux de Majorque et Minorque. Nos anxié-tés (1) étaient d'autant plus vives que les 2, 3, 4 et 5 juin nous avions eu un calme plat que nous ne devions plus espérer retrouver pour le débar-quement. Enfin le signal tant souhaité de faire route, vint nous délivrer de nos angoisses.

Le 13 nous défilâmes devant Alger; il nous apparut en amphithéâtre, le soleil dardait à-plomb sur les maisons dont l'uniforme blancheur reflétée au loin semblait n'en faire qu'une seule et vaste terrasse.

Bientôt nous fûmes dans la Baie de Sidi-Fé-

---

(1) Ceux qui étaient sur des bâtimens marchands mouillèrent dans la Baie de Majorque. Un ordre du jour leur apprit, que les bateaux-bœufs, qui devaient servir au débarquement n'étant pas tous ralliés, étaient la cause du retard. Cet ordre important par l'effet moral qu'il devait produire sur des gens entassés et livrés à l'impatience et à leur imagination, ne fut connu d'une partie de l'armée, qu'en Afrique. A qui la faute ! certes, le chef de l'ar-mée de terre ne pouvait pas envoyer des ordonnances à chaque bâtiment.

ruch, où nous mouillâmes, à une petite portée de canon, de la terre si ardemment désirée. Alors nos regards s'élancèrent avidement vers les collines qui dominaient; nous aperçûmes les tentes grisâtres d'un camp; pour nous c'était le neuvième ciel de Mahomet. Un Turc que nous vîmes sur le rivage appela vivement notre attention ; pour mon compte je ne pouvais me lasser de le voir ; déjà depuis long-temps il était disparu que je le cherchais encore, je le voyais fier du souvenir des Espagnols et de Charles-Quint, attendre de la fatalité, le même sort pour notre expédition.

Le soir l'ennemi démasqua une batterie. Il nous lança quelques bombes, qui éclatèrent avant d'arriver. Néanmoins un matelot du Breslaw fut blessé par un éclat de l'une d'elles.

Dans la nuit du 13 au 14 on exécuta le débarquement ; cette opération et notre mouillage eussent dû nous causer une grande perte d'hommes, mais grace à l'impéritie des Turcs, qui s'imaginaient avoir bon marché de nous, et nous tenir tous, une fois à terre, il se fit presque sans coup férir(1).

(1) Je laisse à penser les désordres graves qu'eussent pu occasionner , avec de la résistance, un débarquement d'autant plus difficile qu'il se fesait sur des bords inconnus.

Le général en chef faillit être tué; un boulet vint tomber entre les jambes de son cheval.

Le 14 au soir nous eussions eu peu de monde à regretter; mais un officier du 14.e de ligne et son détachement qui s'étaient éloignés pour aller chercher de l'eau, furent probablement surpris: leurs têtes, nous apprirent, le lendemain, le genre de guerre, que les Turcs allaient nous faire.

L'armée bivouaqua par régiment en carré. La nuit, le malheureux événement survenu à celle d'Egypte (1) eut encore lieu et nous perdîmes vingt ou trente hommes.

Le 15 on se tirailla beaucoup. Dans la journée on commença les travaux du camp retranché de Sidi-Feruch ou Turetta-Chika. Le 16 nous eûmes un orage épouvantable. Le 17 il y eut une vive fusillade. Un Marabout (2) vint se pré-

(1) « Au milieu de la nuit, une sentinelle crut voir un Arabe » et fit feu; l'alerte se répand partout; chacun se lève, et sans » réfléchir que l'on n'avait pu rectifier la position des troupes à » cause de l'obscurité de la veille, chaque soldat fait feu de- » vant lui.

» Les deux divisions étaient si près l'une de l'autre qu'elles » s'entretuèrent une vingtaine d'hommes. »

Mémoires du duc de Rovigo tom. 1.er pag. 70 et 88.

(2) Prêtre d'une mosquée.

senter à nos avants-postes ; officiers et soldats se
précipitèrent en foule pour le voir de près : jamais curiosité ne fut plus vive et plus partagée.
Le 18 un Bédouin, déguisé en femme, fut aussi
amené, et excita la même curiosité que le Marabout. On leur offrit du café qu'ils n'acceptèrent
qu'après qu'on en eût gouté devant eux.

Jusqu'alors nous n'avions pu obtenir aucun ren-
seignement sur l'ennemi. Blessé ou mort il en-
traînait tout à la remorque, et grace à la vitesse
de ses chevaux nous n'avions pu faire un prison-
nier. On questionna beaucoup ces deux individus;
le Marabout était un fanatique qui faisait l'inspiré
et qui venait pour nous espionner, on n'en put rien
tirer, on tâcha de le gagner par de bons traitemens
et on le renvoya. Le Bédouin donna quelques détails et ne voulut pas s'en aller; cependant quelque temps après il finit par s'enfuir.

Le 19 la canonnade et la mousqueterie annon-
cèrent un engagement sérieux. L'ennemi avec un
grand développement de force était venu nous
attaquer. Nous eûmes beaucoup d'hommes blessés. Mais les positions de l'ennemi forcées, la
superbe tente de l'Aga, et huit pièces de canon

tombées en notre pouvoir, furent les fruits de la victoire qui consola nos malheureux frères d'armes.

De son côté, l'ennemi avait aussi à regretter en blessés et en morts une perte plus considérable que la nôtre; quelques Turcs et Arabes blessés, furent faits prisonniers. Ils refusèrent d'abord de se laisser panser. Un Cheykn (chef turc) qu'on pressait beaucoup, et à qui on demandait ce qu'il désirait, répondit fièrement, « que vous me » guérissiez vite si vous le pouvez, et que » vous me renvoyiez pour vous combattre de » nouveau. »

Cependant Turcs et Arabes étaient en fuite ; le combat de Staouli les avait fait disparaître. Les 20, 21, 22 et 23 ils n'apparûrent que comme des sentinelles avancées. Mais bientôt notre inaction. (1) leur fit croire que nous étions effrayés de notre propre victoire, et le 24 un nouveau combat eut lieu. Comme la première fois ils éprouvèrent la valeur de nos soldats et furent culbutés. Ils perdirent beaucoup de mon-

(1) On ne voulait se porter en avant qu'après l'entier achèvement du camp retranché de Sidi-Ferruch.

de , nous eûmes aussi bon nombre de blessés,

Dans sa fuite précipitée, l'ennemi mit le feu à son magasin de poudre. Nous n'en éprouvâmes aucun accident.

Dès le début de la campagne, notre artillerie s'était montrée de la manière la plus brillante, elle ne discontinua pas de se faire remarquer (1); la prestesse et la justesse de ses coups, attestèrent la supériorité du nouveau système.

La journée du 24 décida notre mouvement en avant.

Dans ce pays inculte et inhabité, nous marchions à travers les broussailles et les bruyères, parmi lesquelles nous nous frayions un chemin ; il fallait enlever chaque position et construire de nombreuses redoutes. Heureux quand quelques arbres venaient nous annoncer des tombeaux (2) et de l'eau, alors chacun se précipitait le bidon à la

(1) Pendant la campagne, l'artillerie a fait merveille. Aussi vite que nos tirailleurs, le premier coup de canon n'attendait pas le premier coup de fusil.

(2) Les Arabes ont soin d'enterrer les morts à l'ombre et près de quelque ruisseau ; je présume qu'ils doivent cette coutume à la peur des exhalaisons pestilentielles, qu'occasionnerait la chaleur.

(9)

main. La chaleur (45 degrés centigrade) (1) était fatale à plusieurs, quelques-uns en mouraient. Nous avions beaucoup de blessés (2), l'ennemi était nombreux et brave; et s'il eût eu notre tactique, les renforts que nous demandions n'eussent pas été superflus. Il s'entendait mieux que nous dans la guerre de tirailleur; connaissant le terrain, il se glissait audacieusement entre nos carrés, et malheur à l'imprudent qui s'en éloignait, sa perte était assurée; le yatagan fatal séparait la tête du tronc, et le Turc barbare la tenant à la main, courait à Alger pour en recevoir le prix, d'un chef plus barbare encore (3). Mais et l'ennemi et les mala-

(1) Elle ne fut pas toujours aussi forte; mais j'ai vu un habit de drap entièrement mouillé, être séché en 6 minutes. Dans une marche du 34.e de ligne son chirurgien major tomba mort par l'effet de la chaleur.

(2) Situation des hôpitaux au 25 juin.

Evacués sur Mahon	812 blessés	119 fièvr.	tot. 931
Morts des suites de bless.	49		49
Restés à Sidi-Feruch	528	60	588
	1389	179	1568

A ajouter les tués.

(3) On payait la tête selon qu'elle appartenait à un officier, ou à un soldat, le taux était moins élevé pour le soldat.

dies (1) et la faim et la soif, l'armée brava tout.

Les 25, 26, 27 et 28 se passèrent en mouve-mens et en tiraillemens. Dès le 24, le gros de l'armée ennemie, s'était retiré sur les plateaux qui couvrent Alger, et s'y était retranché ayan avec lui du gros calibre. Le 29 à 5 heures du matin, on l'attaqua vigoureusement et à 8 heures sa position était enlevée. L'ennemi se retira dans et derrière le château de l'Empereur (2).

Nous nous établîmes sur les crètes des collines qui avoisinent cette forteresse. Dans la nuit même qui suivit l'attaque, le général Valazi traça les premiers ouvrages à 250 mètres environ du château : et les soldats, malgré les fatigues de

(1) Ce fut surtout après la prise d'Alger que la maladie devint plus intense; des compagnies furent réduites de plus de moitié, les malheureux malades périssaient par centaine ; on peut élever le nombre des morts pendant juillet, au moins à 2000. Le mois suivant la maladie devint moins fatale.

Dès le lendemain de notre débarquement nous eûmes quelques ophtalmies, mais le nombre n'en fut jamais considérable.

(2) Non loin du combat, dans la maison de campagne du consul des états-unis, étaient réunis avec leur famille les consuls Européens. On eut soin de prendre des mesures pour leur sûreté. Lorsqu'on leur parla ils s'accordèrent à dire que, le 19 nous avions eu à combattre au moins cinquante mille hommes.

la journée, se mirent au travail avec ardeur.

Le lendemain la 3.e brigade de la 3.e division qui, depuis les premiers jours du débarquement, sollicitait d'être appelée aux premières lignes y arriva enfin ; un bataillon du 34.e conduit par son brave colonel eut occasion de donner le même jour, et repoussa vigoureusement l'ennemi qui cherchait à tourner les travaux. Depuis le débarquement cette brigade avait été employée aux pénibles ouvrages du camp retranché de Sidi-Feruch et à la construction de diverses redoutes (1); la fatigue, doublée par la chaleur, que fesait éprouver cette énorme quantité de terres à remuer nuit et jour, sans compensation de gloire, avait fait vivement désirer à cette brigade de se trouver plus près de l'ennemi, où par instant on avait quelques momens de repos, des balles à espérer et des lauriers à cueillir. A peine arrivée cette brigade fut de nouveau employée aux ouvrages qui se firent devant le fort de l'Empereur, mais cette fois elle s'en consola, il y avait du danger.

(1) Dans une de ces redoutes on trouva des monnaies et des médailles romaines.

Jusqu'au 4 juillet les travaux ne furent pas interrompus ; le 4, avant le jour tout était prêt. Les batteries, armées de vingt-six bouches à feu, dont dix pièces de 24, six pièces de 16, quatre mortiers de 10 pouces et six obusiers de 8 pouces n'attendaient que le signal de la destruction.

Cependant l'ennemi ne s'était pas tenu paisible spectateur ; la nuit, soit point de religion, soit antique usage (1) il nous laissait tranquille ; mais le jour d'intrépides tirailleurs (2) s'élançaient jusque dans nos retranchemens. Il y eut plusieurs combats corps à corps.

Le 4 juillet à quatre heures du matin, une fusée partit, et aussitôt la canonnade répondit à cet appel. Pendant trois heures l'ennemi riposta avec beaucoup de vivacité ; mais la lutte d'adresse était trop inégale, il dut céder. Rendons hommage à la valeur malheureuse ; les canonniers turcs, quoique mis presque à découvert par l'élargissement des embrasures, restèrent brave-

(1) Voyez l'Iliade, au milieu des combats, un des héros s'écrie : « la nuit est arrivée, il convient de lui obéir. »

(2) Lorsqu'ils parvenaient à saisir une pelle ou une pioche, ils l'emportaient en triomphe.

ment à leur poste ; on en vit même qui se penchaient en dehors , pour voir si nos boulets fesaient brêche.

A dix heures une explosion épouvantable (1) accompagnée de pierres et de longues colonnes de poussière et de fumée , fit disparaître une partie du château de l'Empereur. Aussitôt nos troupes s'élancèrent et furent s'établir au milieu des décombres.

Nous dominions la ville et les forts , toute résistance devenait inutile. On voyait l'ennemi en désordre sortir d'Alger, tourbillonner sur le bord de la mer , aller , venir , ne sachant s'il devait fuir Alger ou bien y rentrer.... Ces pirates toujours vainqueurs semblaient se refuser à la triste réalité de leur entière défaite ; cette angoisse du vaincu fesait mal... Bientôt un parlementaire se présenta ; il fut conduit sur les ruines du château où se trouvait le général en chef. Là il put entendre nos soldats et voir quel zèle les animait. Ce parlementaire était le secrétaire du Dey, et parlait très bien français ; il dit entr'autres choses : « lorsque » les Algériens sont en guerre avec le roi de

(1) Elle fut entendue à 60 milles au large.

» France, ils ne doivent pas faire la prière du
» soir avant d'avoir obtenu la paix. » — Cette
première entrevue n'ayant amené aucun résultat,
nous reprîmes nos travaux. Mais après plusieurs
pourparlers, la convention suivante fut acceptée
et garantie sur l'honneur de l'armée Française.

Convention entre le général en chef de l'armée
Française et son altesse le dey d'Alger.

« Le fort de la Casauba, tous les autres forts
» qui dépendent d'Alger et le port de cette ville
» seront remis aux troupes françaises, ce matin
» à dix heures (heure française.)

» Le général en chef de l'armée Française s'en-
» gage envers S. A. le dey d'Alger à lui laisser la
» liberté et la possession de ce qui lui appartient
» personnellement.

» Le dey sera libre de se retirer avec sa fa-
» mille et ce qui lui appartient, dans le lieu qu'il
» fixera; et tant qu'il restera à Alger, il y sera,
» lui et toute sa famille, sous la protection du
» général en chef de l'armée Française : une
» garde garantira la sûreté de sa personne et
» celle de sa famille.

» Le général en chef assure à tous les soldats

» de la milice les mêmes avantages et la même
» protection.

» L'exercice de la religion mahométane res-
» tera libre; la liberté des habitans de toute
» classe, leur religion, leurs propriétés, leur
» commerce et leur industrie ne recevront au-
» cune atteinte; leurs femmes seront respectées,
» le général en chef en prend l'engagement sur
» l'honneur.

» L'échange de cette convention sera fait avant
» dix heures, ce matin, et les troupes françaises
» entreront aussitôt dans la Casauba et succes-
» sivement dans tous les autres forts de la Ville
» et de la marine.

» Au camp, devant Alger, le 5 juillet 1830.
» *Signé*, C.te de BOURMONT. »

(Ici le Dey a appliqué son sceau.)

Ainsi la conquête d'Alger tant de fois entre-
prise et tant de fois manquée, était effectuée
en trois semaines par l'armée Française. Le lundi,
14 juin, l'armée était débarquée, et le lundi 5
juillet, elle entrait dans Alger. Pendant ces vingt-
un jours, nous nous battîmes journellement et
nous eûmes cinq grands engagemens, les 14,

19, 24, 29 juin et 4 juillet ; nous brûlâmes près de trois millions de cartouches. Nous perdîmes en tués ou blessés environs trois mille hommes. Résultat, Alger et ses dépendances, 2000 pièces d'artillerie ; 2 frégates, 15 bricks, et une centaine de chaloupes canonnières ; enfin un trésor immense (1) et l'honneur de la réussite.

Le général en chef se présenta au Dey d'Alger et lui demanda un logement dans la Casauba ; le Dey lui répondit : « Tout est à vous par le » droit du plus fort ; j'ai combattu sans peur et » je succombe sans crainte. Accordez-moi deux » heures pour faire enlever ce qui m'appartient. »

Le 5 juillet les troupes entrèrent dans Alger. Ceux que les terrasses, les minarets, et les orangers, vus de loin, avaient rappelés au souvenir de l'Andalousie, se précipitaient avec allégresse vers la glorieuse cité (2): mais hélas ! qu'ils furent

(1) Le général Bourmont est-il coupable de dilapidation ? non, mille fois non. La France sait maintenant à quoi s'en tenir ; la commission d'Alger a résolu cette question, que des hommes sans conscience pouvaient seuls avoir posée.

(2) La victorieuse, la glorieuse, surnoms d'Alger.

courts ces momens d'un joyeux espoir. Quelle réalité nous attendait : des rues (1) ou pour mieux dire des défilés tellement étroits, que deux personnes de front y peuvent à peine passer ; des maisons sans régularité et dont le haut se rapproche tellement de chaque côté, qu'il intercepte la clarté du jour (2). Partout une odeur infecte et une malpropreté révoltante ; des juifs et des juives dégoûtans; des Arabes et des Bédouins (3), qui offrent l'aspect d'une profonde misère; et dans des espèces d'enfoncemens, qui règnent à la porte de chaque maison, Turcs et Maures à la mine sombre et au regard menaçant, assis et les jambes croisées, une longue pipe à la bouche, se délectant de fumée, et de café, et appelant de notre victoire à la fatalité ; des boutiques, ne ressemblant pas mal à des cages à poulets, où le vendeur est accroupi ;

1) Celle de Bab-Azoun est la seule par ou une voiture puisse passer, encore fallut-il abattre des boutiques de chaque côté.

(2) De quoi sont faites ces bicoques ! on ne saurait le dire tant elles sont chargées de blanc, ce qui affecte péniblement la vue, par la réverbération du soleil; pas de croisées sur la rue, la jalousie turque met ainsi les femmes à l'abri des regards indiscrets.

(3) Voir les notes à la fin.

*

et en dehors , le patient acheteur froissé et bous-
culé par les passans , qui d'une voix gutturale ,
ne font pas un pas, sans crier bâlec, bâlec (gare) ;
enfin dans l'intérieur des maisons , d'abord une
cour , puis un corridor soutenu par des colonnes,
et de grandes portes qui laissent pénétrer le jour
dans les chambres ; sur le deuxième étage la terrasse , dont les murs élevés ne laissent voir que
le ciel brûlant; ajoutez à ce tableau cinq ou six
dialectes, voilà Alger !.... Heureuses furent les
troupes qui restèrent au dehors; là du moins
elles eurent quelques maisons de campagne agréa-
bles, dont les jardins offrent des sites délicieux,
et où on peut se reposer à l'ombrage des figuiers ,
des orangers et des grenadiers (1).

Que dirai-je de la Casauba? quelques colonnes
de marbre; des dorures, une vaste enceinte de
murailles élevées et garnies de canons; une cour,
quelques arbres autour et des fontaines ; pour
Alger c'est superbe, mais le dernier palais de
Séville rougirait de la comparaison.

(1) Dans ces jardins on trouve du raisin et généralement tous
les fruits de l'ancien et du nouveau monde, l'eau n'y manque
pas, et la verdure y fait honte à celle de nos provinces méridionales.

Ce qui me frappa, ce que je n'oublierai probablement jamais, ce sont les têtes qui ornaient la porte de Bab-Azoun et quelques autres édifices (1).

Le 11 juillet, le Dey s'embarqua pour Livourne; (2) précédemment les Turcs étaient partis pour Smyrne; à leur départ ils ne laissèrent échapper ni plainte , ni larme, ni soupir, mais quelles physionomies! quels regards!....

Cependant sur le pavé ou sur la terre, l'armée se reposait de ses fatigues; elle était partie de France riche de projets et d'espérance , les premiers étaient réalisés, sa mission était accomplie; maintenant elle attendait la récompense de sa conquête, mais ses lauriers pour ainsi dire repoussés et perdus dans les événemens qui se succédèrent ne devaient pas recevoir le prix mérité. Tout à coup le 11 août, à l'arrivée d'un bâtiment du commerce, les bruits les plus sinistres se répan-

---

(1) Les Turcs appendent à des crochets placés en dehors des portes de la ville les têtes des justiciés. Mais cette fois les crochets avaient servi à recevoir celles de nos malheureux frères d'armes dont les Turcs s'étaient emparés pendant la campagne:

(2) Il emporta toutes ses richesses.

dent, d'éloignement, le défaut de détails circonstanciés, font croire que la guerre civile est allumée en France. On passe une revue, on réunit les officiers, et de courtes explications dont le vague n'annonce rien de positif, ne laissent pourtant aucun doute sur un commencement de révolution : enfin, le 12 les dépêches levèrent toutes les incertitudes. Mais ce ne fut que vers le 20, qu'on apprit d'une manière positive l'entier changement de dynastie. Jusqu'alors on ne connaissait officiellement que l'abdication de Charles X et de son fils; Henri V nous paraissait l'ancre de salut. Dès l'instant où l'on sut que celui-là aussi devait avoir des jours de malheurs, chacun suivit l'impulsion de sa conscience.... Nous qui partions frustrés de notre part de gloire, nous jetâmes un dernier regard sur cette terre de décevances, une larme mouilla nos paupières, nous quittions la terre où tant de braves dormaient du sommeil éternel..... O vous que j'affectionnais, Borne, Moroque, Bourmont, Trélan, et vous aussi que je ne puis citer et qui êtes morts pour une ingrate patrie, héros de tous les rangs, adieu.... Paix à vos cendres, honneur à vos noms !.... Bientôt la rive africaine disparut. C'en était fait , le sacrifice le plus pénible à un soldat était accompli ! ! ! nos ames ne concevaient plus de douleur , l'ordre du nouveau ministre de la guerre ne nous était pas connu !.... Je dois répondre à cet ordre (1) il a été imprimé dans les journaux..... *Ces officiers y* était-il dit, en parlant de nous, *ont quitté le service de leur plein gré et en présence de l'ennemi,* et ces mots étaient en lettres italiques, dès-lors on en voulait faire sentir toute la portée : mais où était-il l'ennemi ? lorsque nous partîmes on le rêvait chaque nuit et peut-être le général Gérard le rêvait-il aussi à Paris; mais le jour on ne le voyait nul part. Voulait-il faire entendre que nous avions fui ? nous fuir !.... Ah! si c'était là sa pensée, nous en appellerions à l'armée, et cette pensée, je le dis hautement, serait une calomnie. Oui, nos épées sont suspendues; mais pour la défense de la patrie, on les verrait menaçantes encore !

FIN.

(1) Il s'agissait d'une misérable solde de quarantaine qu'on nous refusa.

NOTE.

Les Arabes, les Bédouins et les Cabyldes vivent par tri-
bus; la plupart sont nomades, elles campent rarement
dans le même lieu, deux fois de suite. Aussitôt la récolte
faite, elles disparaissent et vont s'établir ailleurs. Avant de
quiter place, chaque individu broie entre deux pierres une
partie de son blé, il en fait ensuite de petites galettes qu'il
fait cuire sous la cendre. Les Arabes sont maigres et ner-
veux et d'une taille élevée. Ils n'ont pour tout vêtement
qu'une espèce de peignoir en laine surmonté d'ùn capu-
chon. Ils vont pieds nuds ou simplement recouverts d'une
peau quelconque.

Le peu des femmes maures ou arabes que nous vîmes
à Alger étaient entièrement cachées sous de grands vê-
temens ou capuchons percés aux yeux.

On trouve des fontaines dans toutes les rues d'Alger.
Les juifs n'avaient droit d'y puiser que lorsqu'il ne s'y
trouvait personne. Le dernier esclave passait avant eux.
Cette nation est là dans toute son abjection; que d'injures,
que de coups ils supportent pour une misérable monnaie
de cuivre qui ne vaut pas un denier, et aussitôt qu'ils l'ob-
tiennent le sourire reparaît sur leurs lèvres flétries,

On trouve près d'Alger : une ancienne voie romaine qui y conduit ; un acqueduc qui fournit l'eau de la ville : des fours construits par les Espagnols sous Charles Quint ; à la porte Baba-el-ouet, on voit la place des sept Deys ainsi nommée parce que le même jour on en déposa six qui furent mis à mort et enterrés dans les tombeaux qui s'y trouvent.

En sortant d'Alger par la porte Bab-Azoun et en suivant la plage on arrive à l'embouchure de l'Aracht, qui une partie de l'année est presqu'à sec. C'est en allant reconnaître l'Aracht que fut assassiné par les Bédouins le malheureux colonel Frecheville, et un de ses officiers.

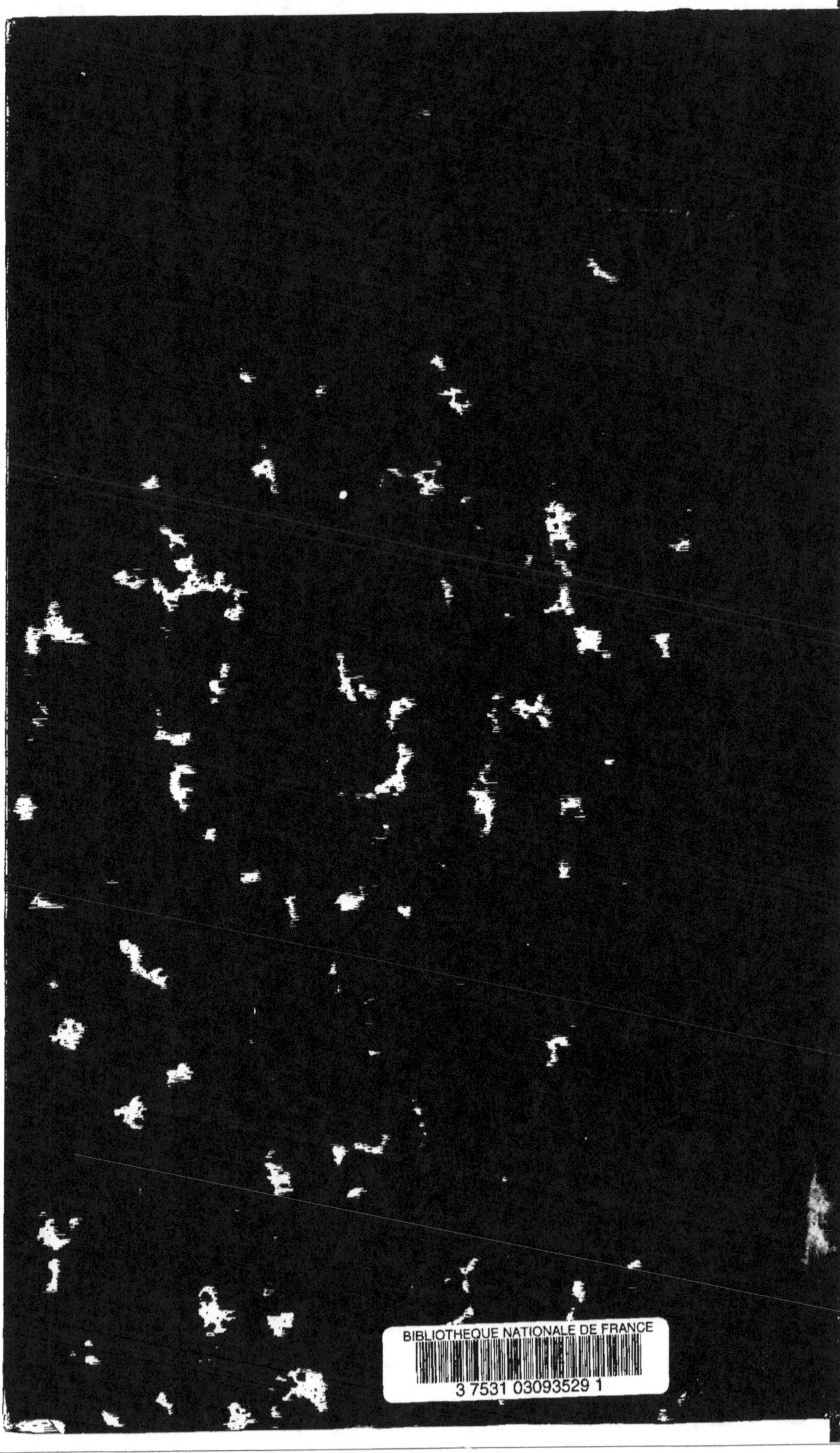